Impressum
Verlag: BABADADA GmbH, Nedderfeld 112 , 22529 Hamburg
Geschäftsführer / Verlagsleitung: Harald Hof
Druck: Books on Demand GmbH, In de Tarpen 42, 22848 Norderstedt

Imprint
Publisher: BABADADA GmbH, Nedderfeld 112 , 22529 Hamburg, Germany
Managing Director / Publishing direction: Harald Hof
Print: Books on Demand GmbH, In de Tarpen 42, 22848 Norderstedt

colegio
makaranta

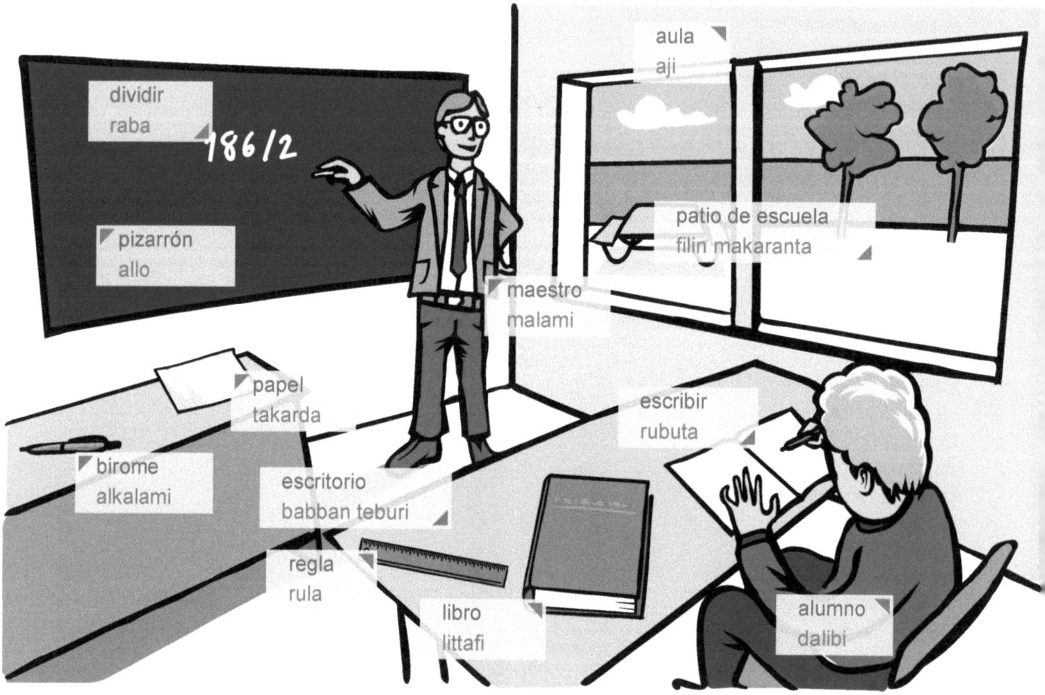

aula
aji
dividir
raba
186/2
pizarrón
allo
maestro
malami
patio de escuela
filin makaranta
papel
takarda
escribir
rubuta
birome
alkalami
escritorio
babban teburi
regla
rula
libro
littafi
alumno
dalibi

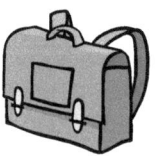

mochila

jakar makaranta

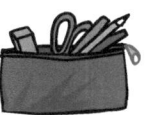

caja de lápices

gidan fensir

lápiz

fensir

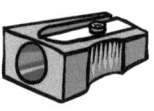

sacapuntas

abin fike fensir

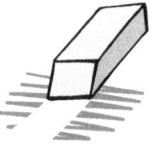

goma (de borrar)

kilina

bloc de dibujo

kwalin zane

dibujo
zane

pincel
burushin fenti

caja de pinturas
gwangwanin fenti

tijera
almakashi

pegamento
gam

cuaderno de ejercicios
littafi aiki

tarea
aikin gida

número
lamba

2+2

sumar
kara

restar
debe

multiplicar
yi sau

calcular
kwakuleta

letra
wasika

abecedario
harafi

palabra
kalma

texto

rubutu

leer

karanta

tiza

alli

lección

darasi

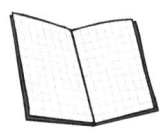

cuaderno de clase

rijista

examen

jarabawa

certificado

satifiket

uniforme escolar

kayan makaranta

educación

ilimi

enciclopedia

kundin ilimi

universidad

jami'a

microscopio

madubin kimiyya

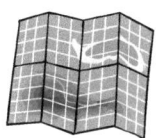

mapa

taswira

tacho (de basura)

kwandon shara

viaje
bulaguro

Grand
hotel
otal
hostel
dakunan dalibai
casa de cambio
gidan canjin kudi
valija
karamin akwati
auto
karamar mota

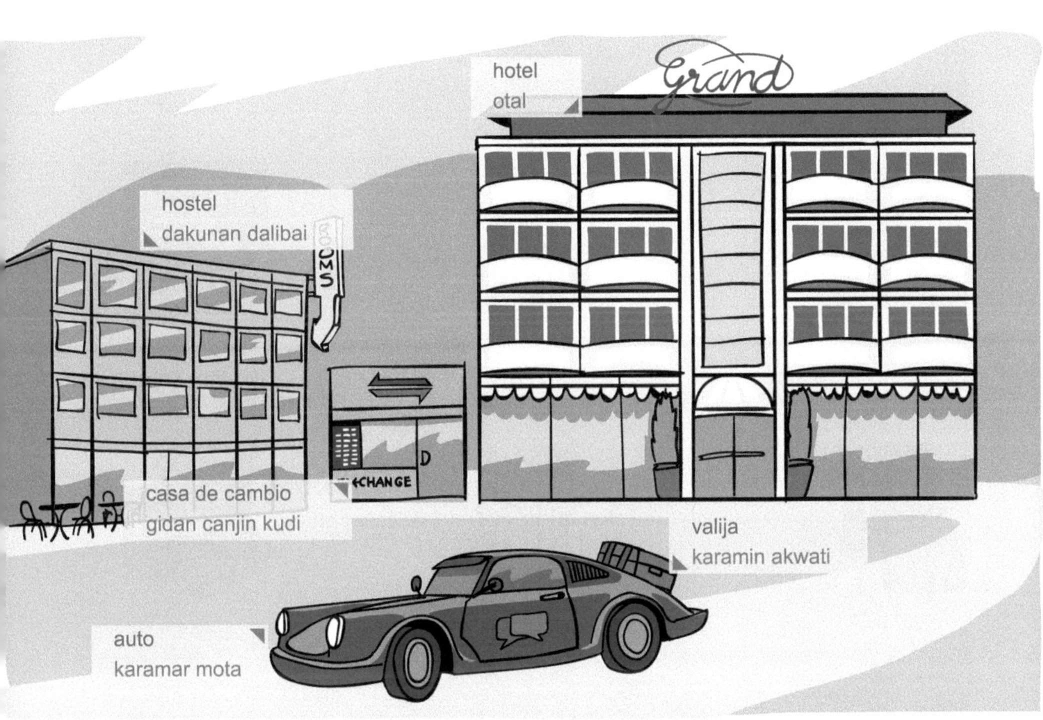

idioma

yare

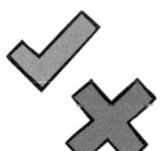

sí / no

e/a'a

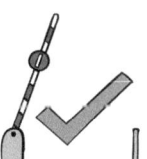

Está bien

Ya yi

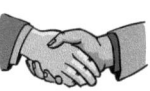

hola

barka dai

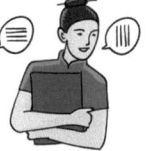

traductor

mai fassara

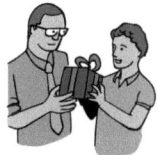

Gracias

Na gode

¿cuánto cuesta...?

nawa ne...?

No entiendo

ban gane ba

problema

matsala

¡Buenas tardes!

Barka da yamma!

¡Buenos días!

Ina kwana!

¡Buenas noches!

barka da dare!

adiós

sai an jima

dirección

alkibla

equipaje

kaya

bolso

jaka

mochila

jakar goyawa

invitado

bako

habitación

daki

bolsa de dormir

jakar barci

carpa

tanti

información turística

bayanin dan yawon bude-ido

playa

bakin ruwa

tarjeta de crédito

katin banki

desayuno

karin kumallo

almuerzo

abincin rana

cena

abincin dare

pasaje

tikiti

ascensor

daga

sello

hatimi

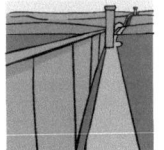

frontera

iyaka

aduana

kudin fiton kaya

embajada

ofishin jakadanci

visa

biza

pasaporte

fasfo

transporte

abin hawa

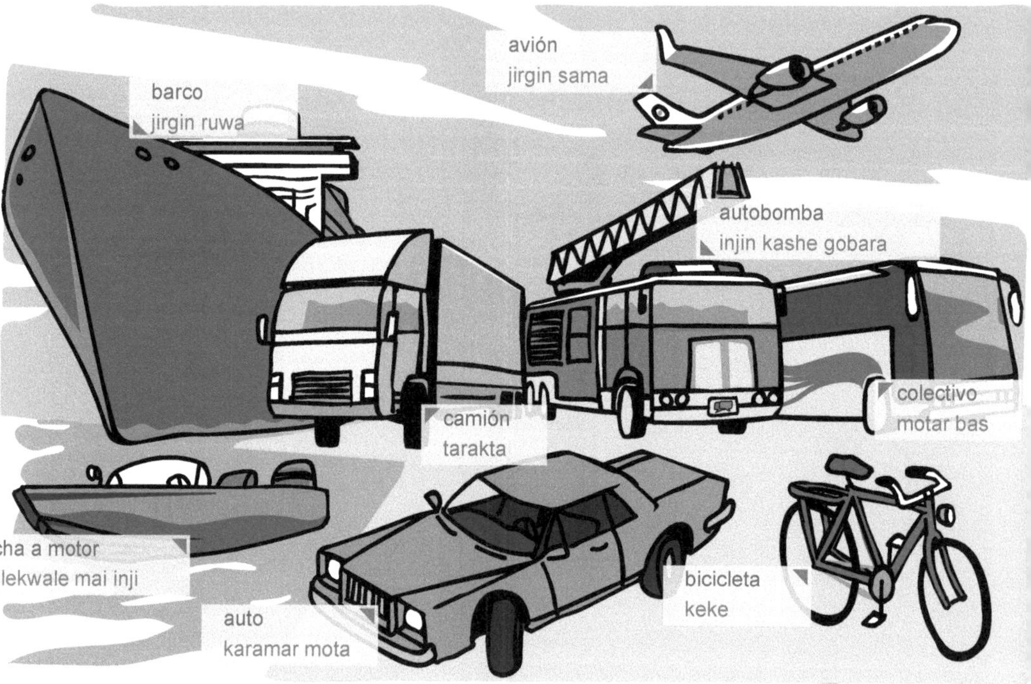
avión
jirgin sama
barco
jirgin ruwa
autobomba
injin kashe gobara
colectivo
motar bas
camión
tarakta
cha a motor
alekwale mai inji
bicicleta
keke
auto
karamar mota

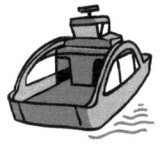

ferry

karamin jirgin ruwa

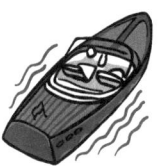

bote

kwalekwale

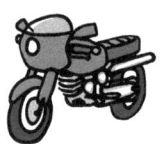

moto

babur

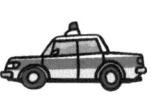

patrullero

motar 'yansanda

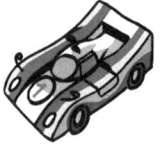

auto de carreras

motar tsere

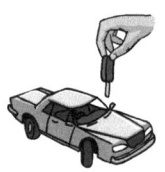

auto de alquiler

motar haya

alquiler de autos

tarayyar karamar mota

grúa

babbar mota da ta lalace

camión de basura

motar shara

motor

mota

nafta

mai

estación de servicio

gidan mai

señal de tránsito

alamar titi

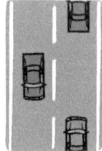

tránsito

zirga-zirga

embotellamiento

cunkoson ababen hawa

estacionamiento

wurin ajiye mota

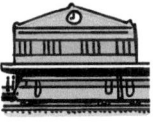

estación de tren

tashar jirgin kasa

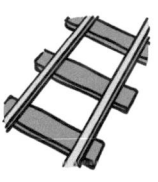

vías

filin tsere

tren

jirgin kasa

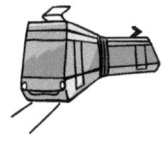

tranvía

jirgin kasa mai kyabil

vagón

keken doki

helicóptero

helikwafta

aeropuerto

filin jirgin sama

torre

hasumiya

pasajero

fasinja

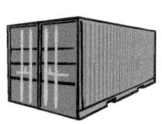

contenedor

mazubi

caja de cartón

kwali

carretilla

amalanke

canasta

kwando

despegar / aterrizar

tashi / sauka

ciudad

birni

pueblo

kauye

centro de ciudad

tsakiyar birni

casa

gida

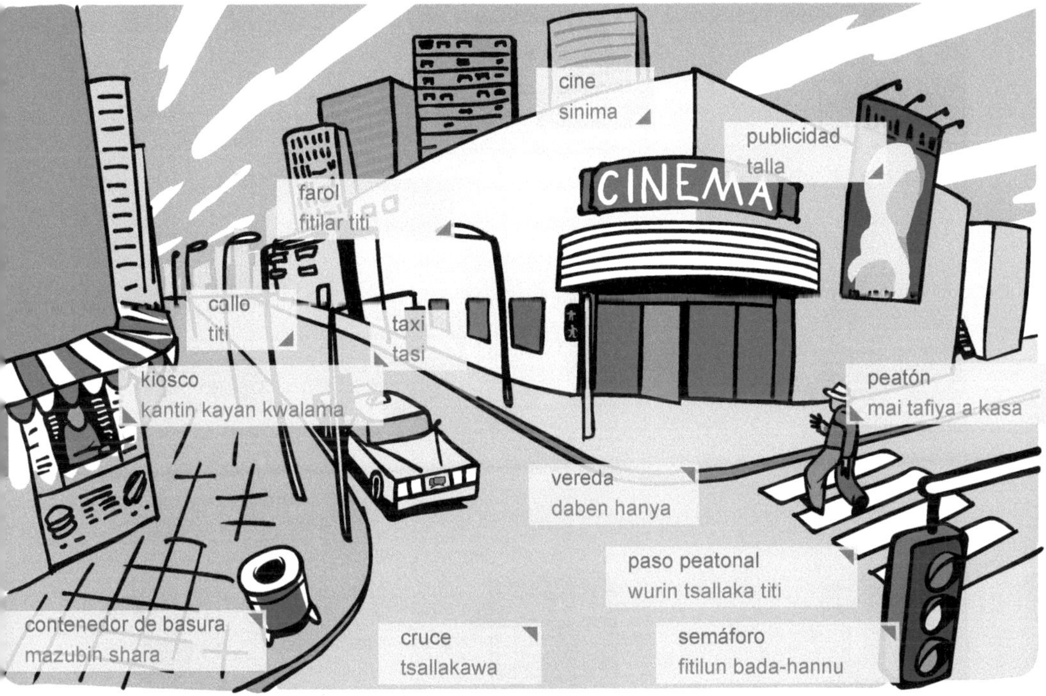

cine
sinima

publicidad
talla

farol
fitilar titi

callo
titi

taxi
tasi

kiosco
kantin kayan kwalama

peatón
mai tafiya a kasa

vereda
daben hanya

paso peatonal
wurin tsallaka titi

contenedor de basura
mazubin shara

cruce
tsallakawa

semáforo
fitilun bada-hannu

cabaña

bukka

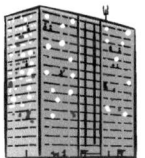

departamento

shafaffe

estación de tren

tashar jirgin kasa

municipalidad

dakin taro

museo

gidan kayan tarihi

colegio

makaranta

universidad

jami'a

banco

banki

hospital

asibiti

hotel

otal

farmacia

kantin magani

oficina

ofis

librería

kantin littattafai

negocio

kanti

florería

mai sayar da furanni

supermercado

babban kanti

mercado

kasuwa

grandes tiendas

kanti mai sassa

pescadería

shagon sayar da kifi

centro comercial

wurin sayayya

puerto

matsayar jiragen ruwa

parque

ma'ajiyar motoci

banco

benci

puente

gada

escaleras

kafar bene

subte

karkashin kasa

túnel

ramin karkashin kasa

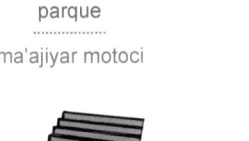

parada del colectivo

matsayar bas

bar

mashaya

restaurante

gidan abinci

buzón

akwatin sakonni

letrero

alamar titi

parquímetro

mitar ajiye motoci

zoológico

gidan namun daji

pileta

kwamin iyo

mezquita

masallaci

granja
gona

contaminación
gurbata

cementerio
makabarta

iglesia
coci

juegos infantiles
filin wasanni

templo
dakin bauta

paisaje
fadin kasa

hoja
ganye

poste indicador
turken alama

camino
hanya

pradera
makiyaya

piedra
dutse

árbol
bishiya

excursionista
mai tattaki

río
korama

hierba
ciyawa

flor
fure

valle

kwazazzabo

montaña

tudu

lago

tafki

bosque

daji

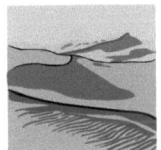

desierto

hamada

volcán

amon dutse

castillo

fada

arco iris

bakan-gizo

champiñón

malafar jaki

palmera

bishiyar kwakwar manja

mosquito

sauro

mosca

kuda

hormiga

tururuwa

abeja

zuma

araña

gizo

escarabajo

burgunguma

rana

kwado

ardilla

kurege

erizo

bushiya

liebre

zomo

lechuza

mujiya

pájaro

tsuntsu

cisne

agwagwar ruwa

jabalí

aladen daji

ciervo

namijin barewa

alce

kanki

presa

dam

aerogenerador

lantarki mai iska

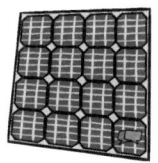

panel solar

farantin hasken rana

clima

yanayi

restaurante
gidan abinci

mozo
sabis
menú
jerin abinci
silla
kujera
sopa
miya
pizza
fiza
cubiertos
wuka da cokula
mantel
kyallen rufe tuburi

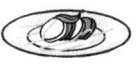

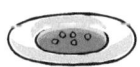

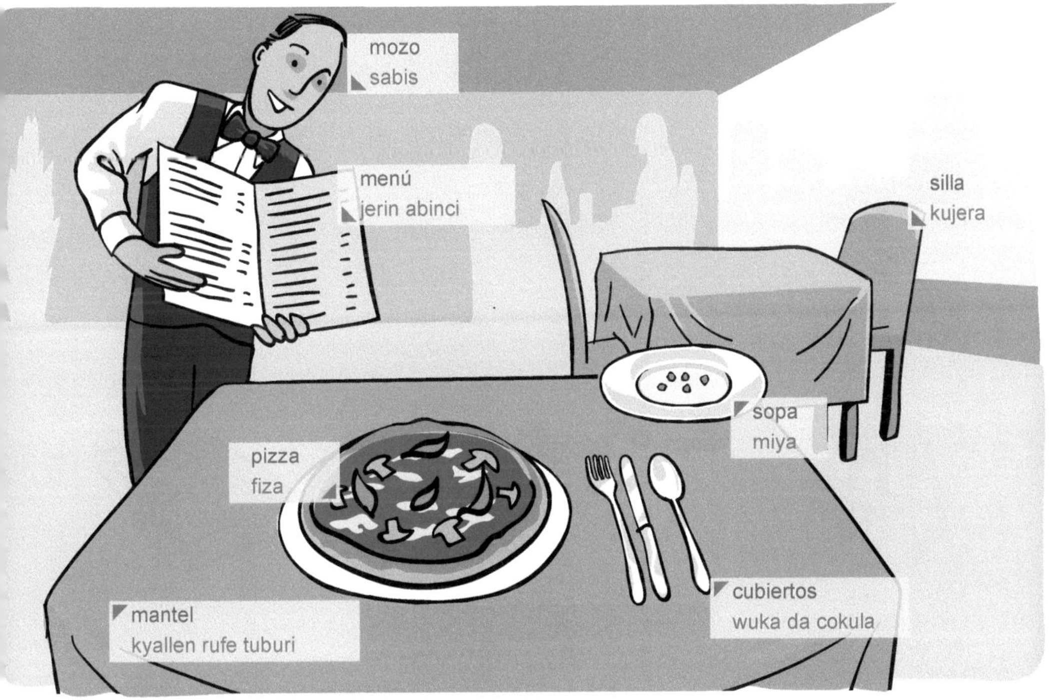

entrada
makunni

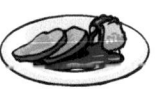

plato principal
babban abinci

postre
kayan zaki

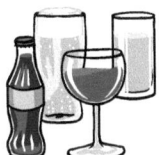

bebidas
kayan sha

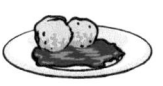

comida
abinci

botella
kwalba

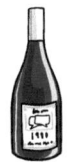

comida rápida

abincin tafi-da-gidanka

comida callejera

abincin titi

tetera

tukunyar shayi

azucarera

kwanon sikari

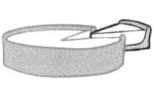

porción

gutsire

cafetera expreso

injin hada kofi

sillita alta

kujera mai tudu

cuenta

doka

bandeja

tire

cuchillo

wuka

tenedor

cokali mai yatsu

cuchara

cokali

cucharita

cokalin shayi

servilleta

kyallen cin abinci

vaso

gilashi

restaurante - gidan abinci

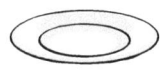

plato

faranti

plato hondo

farantin miya

plato

farantin kofi

salsa

hadin dandano

salero

mazubin gishiri

molinillo de pimienta

abin nikan yaji

vinagre

lamurje

aceite

mai

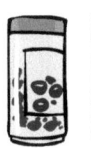

especias

kayan dandano

kétchup

miyar tumatir

mostaza

mustad

mayonesa

mayonnaise

supermercado

babban kanti

oferta especial
tayin musamman
FOR
cliente
abokin ciniki
lácteos
matatsar nono
fruta
kayan marmari
changuito
abin daukar kaya

BUTCHERS

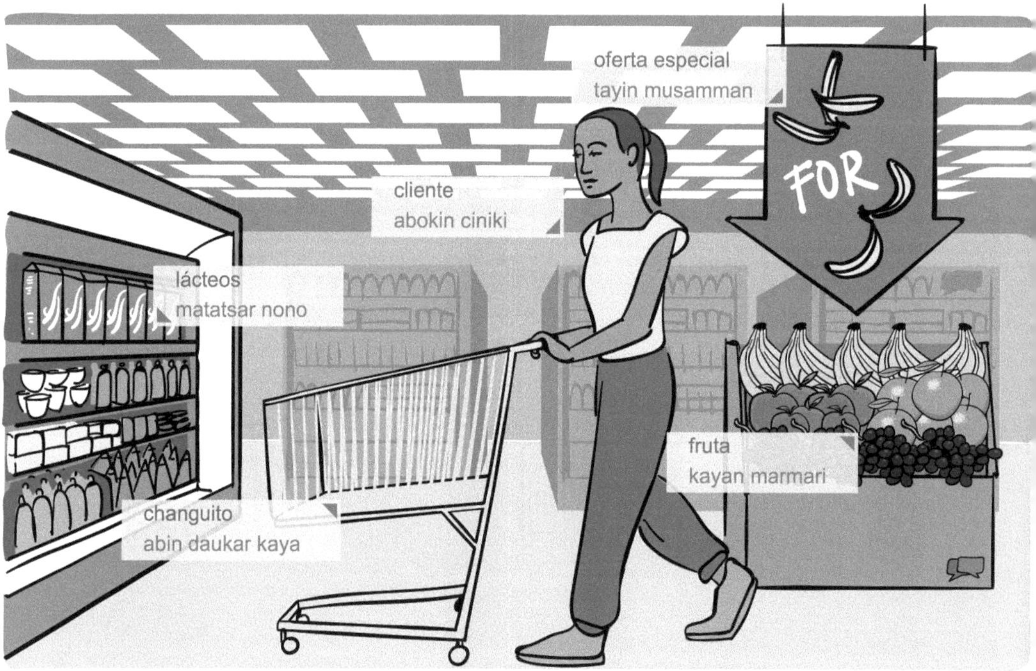

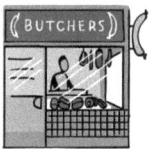

carnicería

na mahauci

BAKERY

panadería

shagon mai burodi

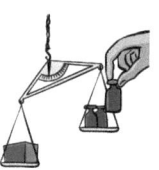

pesar

auna nauyi

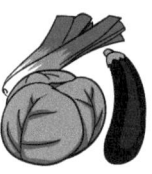

verduras

kayan lambu

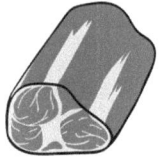

carne

nama

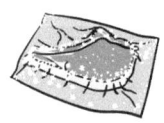

alimentos congelados

darkararren abinci

fiambres

nama mai sanyi

alimentos enlatados

abincin gwangwani

detergente en polvo

garin sabulun wanki

golosinas

alewa

electrodomésticos

kayan amfanin gida

productos de limpieza

kayan tsafta

vendedora

mai sayarwa

caja

haro

cajero

mai biyan kudi

lista de compras

jerin kayan sayayya

horario de atención

sa'o'in budewa

billetera

alabe

tarjeta de crédito

katin banki

cartera

jaka

bolsa de plástico

jakar roba

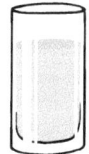

agua

ruwa

jugo

ruwan 'ya'yan itace

leche

madara

bebida cola

coke

vino

barasa

cerveza

giya

alcohol

barasa

cacao

koko

té

shayi

café

kofi

café expreso

bakin kofi

cappuccino

kofi mai madara

banana

ayaba

manzana

tufa

naranja

lemon zaki

melón

kankana

limón

lemon tsami

zanahoria

karas

ajo

tafarnuwa

bambú

gora

cebolla

albasa

champiñón

kunnen-jaki

nueces

dangin gyada

fideos

dangin taliya

tallarines

sufageti

arroz

shinkafa

ensalada

man salak

papas fritas

sala-sala

papas fritas

soyayyen dankali

pizza

fiza

hamburguesa

hambaga

sándwich

sanwich

churrasco

kwan nama

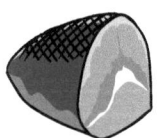

jamón

naman alade

salame

salami

salchicha

kilishin turawa

pollo

kaza

asado

gashi

pescado

kifi

copos de avena

kamun oats

muesli

muesli

copos de maíz

kwamfiles

harina

fulawa

medialuna

fanke

pancito

yankan burodi

pan

burodi

tostada

gashi

galletitas

biskit

manteca

bota

cuajada

man shanu

torta

kek

huevo

kwai

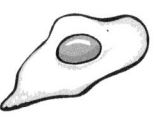

huevo frito

soyayyen kwai

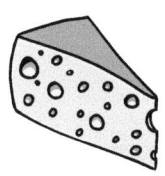

queso

cuku

helado

askirim

azúcar

sikari

miel

zuma

mermelada

jam

pasta de chocolate

cakuletin shafawa

curry

kori

granja
gona

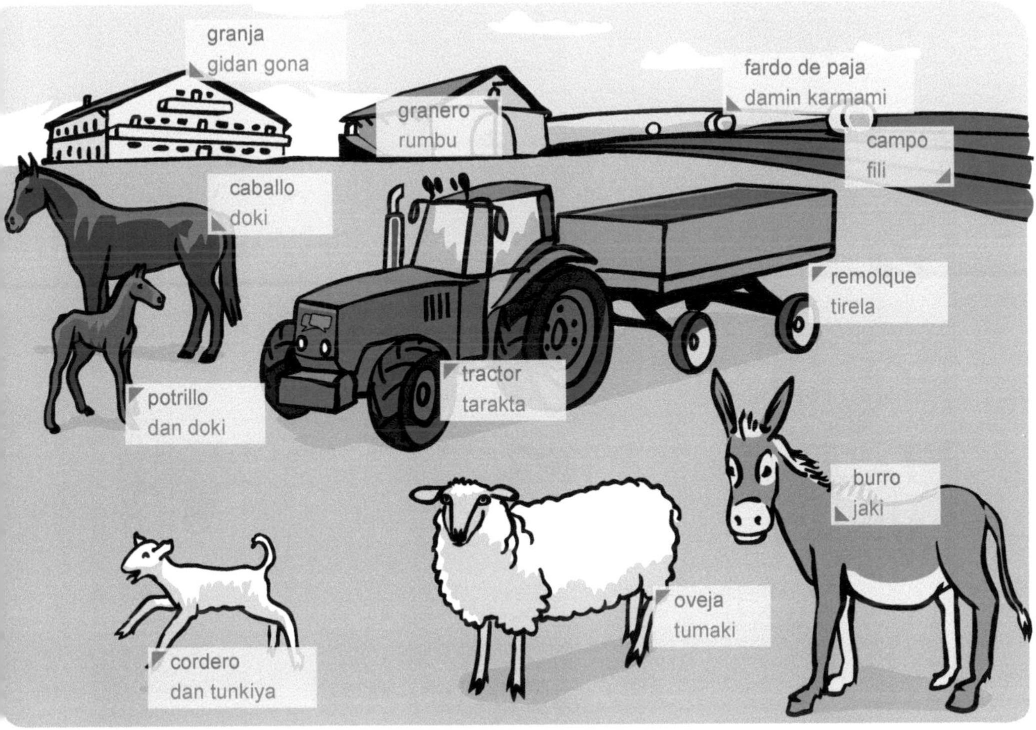
granja
gidan gona
granero
rumbu
fardo de paja
damin karmami
campo
fili
caballo
doki
remolque
tirela
tractor
tarakta
potrillo
dan doki
burro
jaki
oveja
tumaki
cordero
dan tunkiya

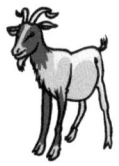

cabra
akuya

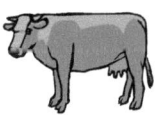

vaca
saniya

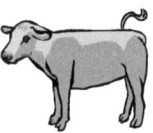

ternero
maraki

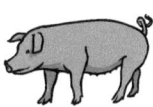

cerdo
alade

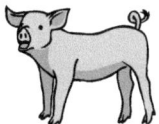

lechón
dan alade

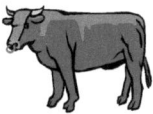

toro
bajimi

ganso

dinya

pato

agwagwa

pollo

dan tsako

gallina

kaza

gallo

zakara

rata

bera

gato

kyanwa

ratón

bera

buey

takarkari

perro

kare

cucha

dakin kare

manguera

bututun lambu

regadera

bokitin ban-ruwa

guadaña

ashasha

arado

garma

hoz

lauje

azada

fartanya

horquilla

cebur mai yatsu

hacha

gatari

carretilla

wilbaro

abrevadero

mazubin abincin dabbobi

lechera

gwangwanin madara

bolsa

buhu

reja

shinge

establo

barga

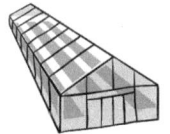

invernadero

koren-gida

suelo

rairai

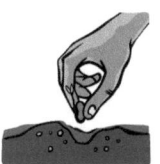

semilla

iri

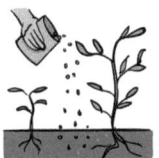

fertilizador

taki

cosechadora

injin girbi da sussuka

cosechar
girbe

cosecha
girbi

batatas
doya

trigo
alkama

soja
waken soya

papa
dankali

maíz
dawa

semilla de colza
furen mai

árbol frutal
bishiyar kayan marmari

mandioca
rogo

cereales
hatsi

casa
gida

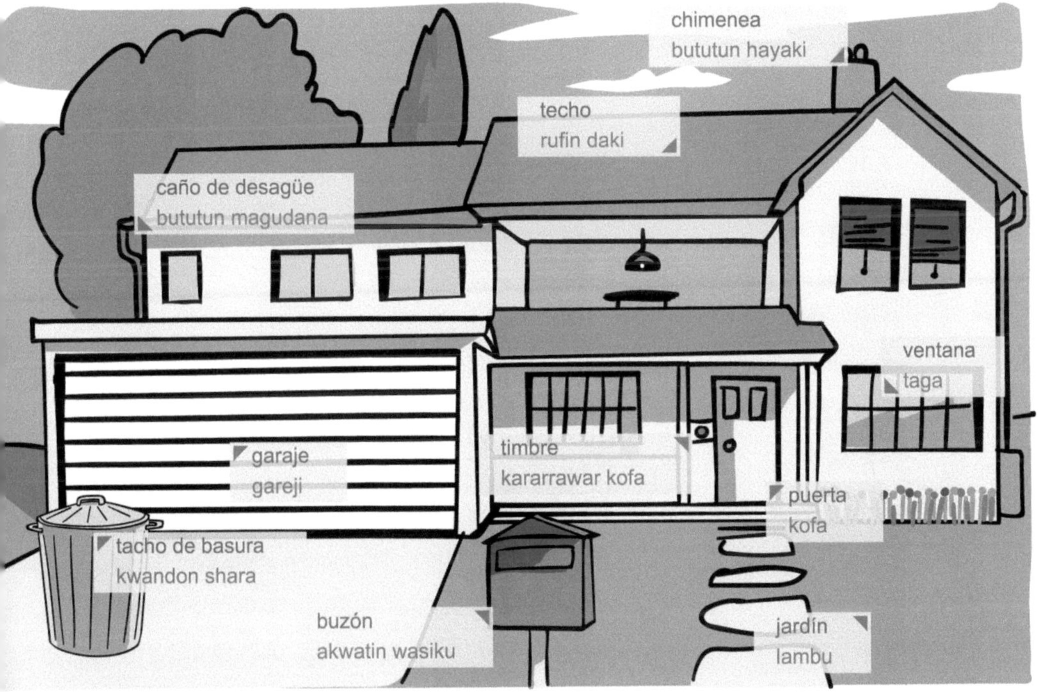
chimenea
bututun hayaki
techo
rufin daki
caño de desagüe
bututun magudana
ventana
taga
timbre
kararrawar kofa
garaje
gareji
puerta
kofa
tacho de basura
kwandon shara
buzón
akwatin wasiku
jardín
lambu

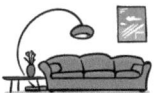

living

falo

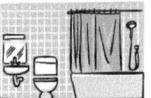

baño

dakin wanka

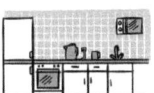

cocina

kicin

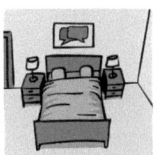

dormitorio

dakin kwana

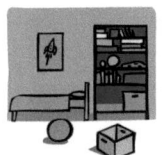

cuarto de los chicos

dakin yaro

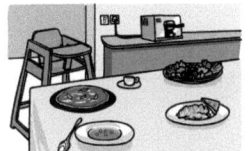

comedor

dakin cin abinci

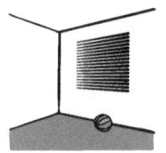

piso

dabe

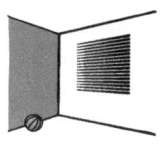

pared

bango

cielorraso

sili

sótano

dakin karkashin kasa

sauna

wurin wankan dumi

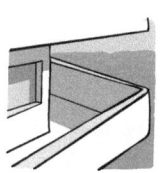

balcón

barandar bene

terraza

baranda

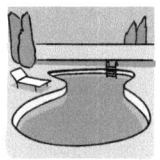

pileta

gulbin ninkaya

cortadora de pasto

injin yanke ciyawa

sábana

kwano

acolchado

zanen gado

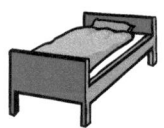

cama

gado

escoba

tsintsiya

balde

bokiti

interruptor

makunni

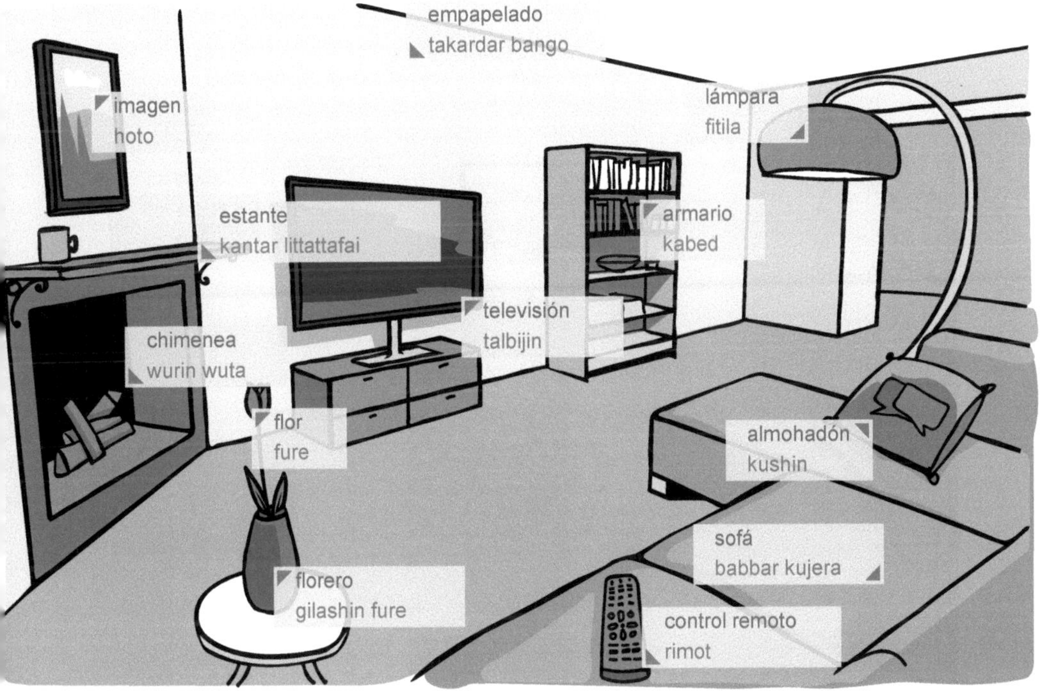

empapelado
takardar bango

imagen
hoto

lámpara
fitila

estante
kantar littattafai

armario
kabed

chimenea
wurin wuta

televisión
talbijin

flor
fure

almohadón
kushin

sofá
babbar kujera

florero
gilashin fure

control remoto
rimot

alfombra
darduma

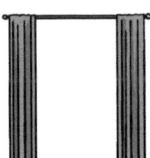

cortina
labule

mesa
teburi

silla
kujera

mecedora
kujera mai shillo

sillón
kujera mai hannu

libro

littafi

frazada

bargo

decoración

kwalliya

leña

itacen girki

película

fim

equipo de música

kayan hi-fi

llave

makulli

diario

jarida

pintura

zanen fenti

póster

fasta

radio

rediyo

cuaderno

takardar rubutu

aspiradora

na'urar share darduma

cactus

murtsunguwa

vela

kyandir

cocina

kicin

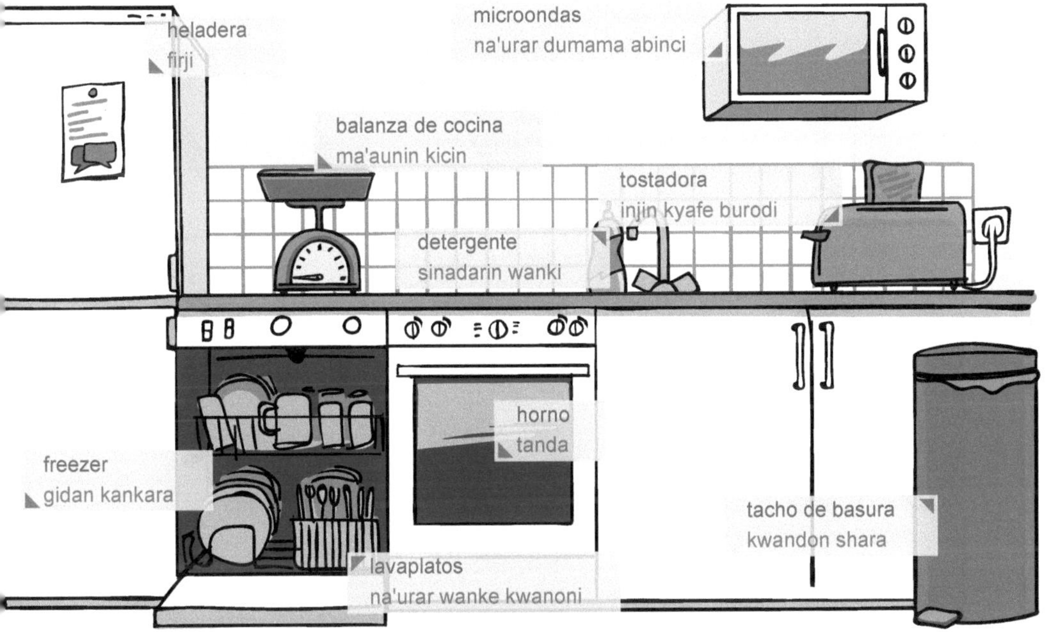
heladera
firji
microondas
na'urar dumama abinci
balanza de cocina
ma'aunin kicin
tostadora
injin kyafe burodi
detergente
sinadarin wanki
horno
tanda
freezer
gidan kankara
tacho de basura
kwandon shara
lavaplatos
na'urar wanke kwanoni

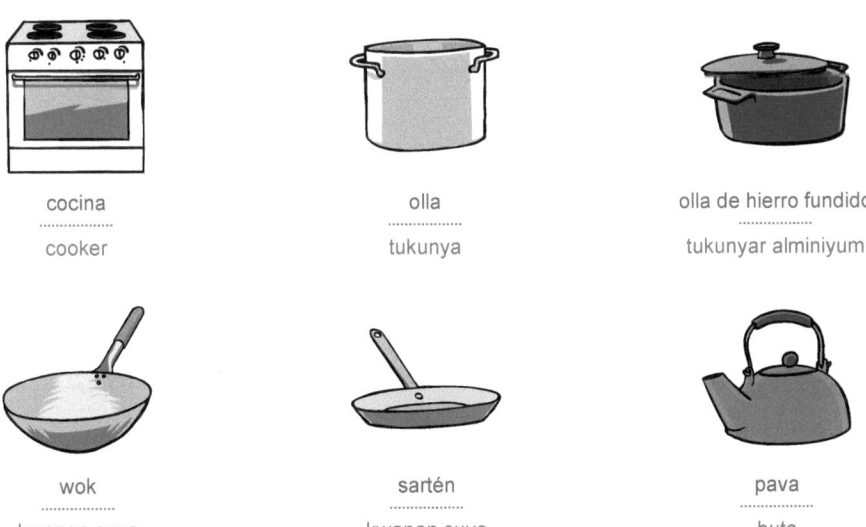

cocina

cooker

olla

tukunya

olla de hierro fundido

tukunyar alminiyum

wok

kwanon suya

sartén

kwanan suya

pava

buta

vaporera

tukunyar dumi

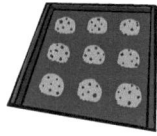

bandeja de horno

kwanan gashi

vajilla

kayan tangaran

taza

tambulan

bol

kwano

palitos

tsinkayen cin abinci

cucharón

ludayi

estpátula

ludayin suya

batidora

makadin kwai

colador

rariya

colador

mataci

rallador

na'urar nika

mortero

turmi

parrilla

balangu

fogata

wutar sarari

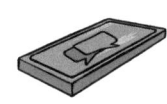

tabla de picar

katakon yanke-yanke

palo de amasar

katakon murji

sacacorchos

mabudin kwalba

lata

gwangwani

abrelatas

mabudin gwangwani

manopla

hannun tukunya

pileta

wurin wanke-wanke

cepillo

burushi

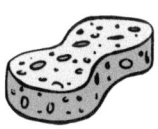

esponja

soso

batidora

bilenda

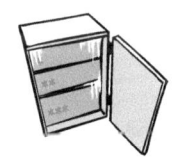

congelador

babban gidan kankara

mamadera

bulumboti

canilla

famfo

dakin wanka

ducha
shaya

calefacción
bada dumi

toalla
tawul

cortina de ducha
labulen wanka

baño de espuma
wankan kumfa

bañadera
kwamin wanka

vaso
gilashi

lavarropas
injin wanki

canilla
famfo

baldosas
tayil

pelela
fo

pileta
wurin wanke-wanke

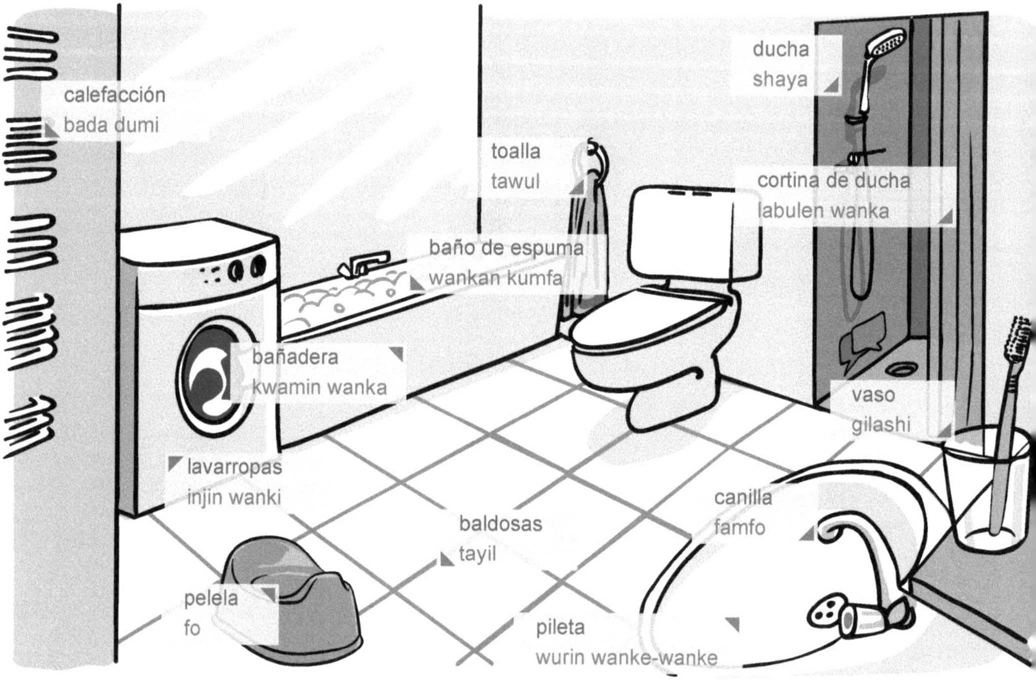

inodoro
bandaki

letrina
bandakin tsuguno

bidé
kwamin tsarki

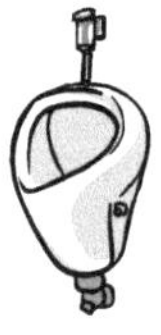

mingitorio
wurin fitsari

papel higiénico
takardar bandaki

cepillo para el inodoro
burushin bandaki

cepillo de dientes

burushin hakori

dentífrico

man hakori

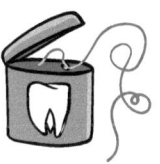

hilo dental

zaren sakace

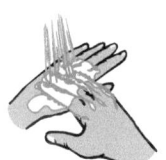

lavar

wanke

ducha de mano

shayar hannu

ducha higiénica

wankin farji

palangana

kwamin wanke hannu

cepillo para espalda

burushin wanke baya

jabón

sabulu

gel de ducha

ruwan sabulun wanka

shampoo

man gyaran gashi

toallita

tsumman wanka

desagüe

lambatu

crema

kirim

desodorante

turaren kamshi

espejo

madubi

espejito

madubin hannu

maquinita de afeitar

reza

espuma de afeitar

man yaran fuska

aftershave

man aski

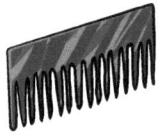

peine

mataji

cepillo

burushi

secador de pelo

na'urar busar da gashi

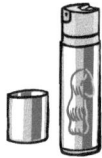

spray

man gashi

maquillaje

kwalliya

lápiz de labios

jan-baki

esmalte para uñas

man farce

algodón

audugar goge kunne

tijera para uñas

almakashin yankan farce

perfume

turare

portacosméticos

jakar wanka

banqueta

bahaya

balanza

ma'aunin nauyi

bata

rigar wanka

guantes de goma

safar roba

tampón

audugar haila

toallita femenina

audugar mata

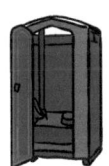

baño químico

bandakin tafi-da-gidanka

cuarto de los chicos

dakin yaro

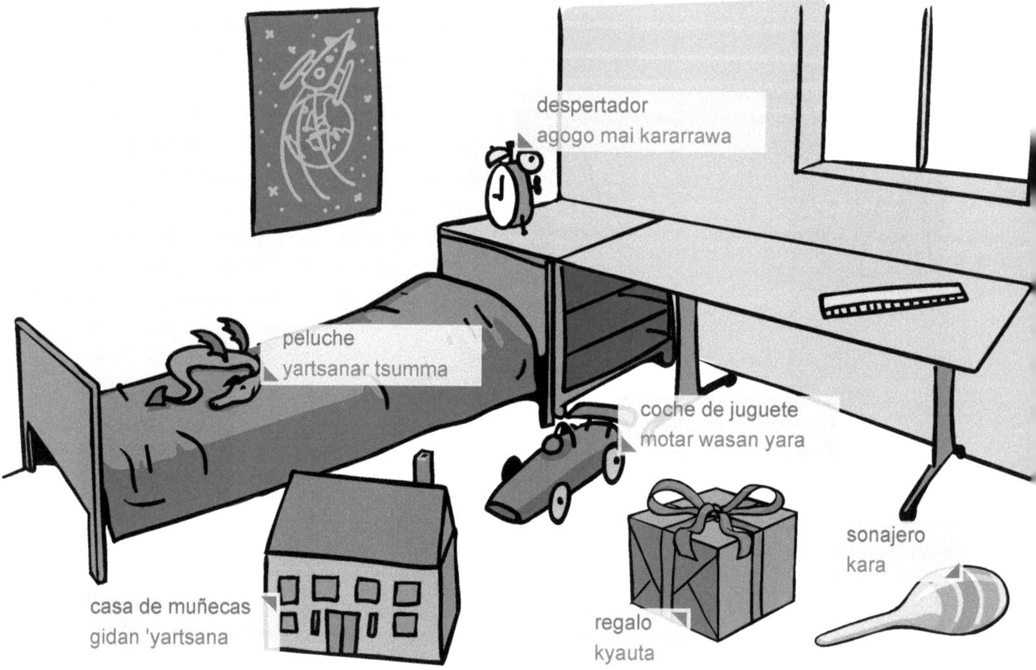
despertador
agogo mai kararrawa
peluche
yartsanar tsumma
coche de juguete
motar wasan yara
sonajero
kara
casa de muñecas
gidan 'yartsana
regalo
kyauta

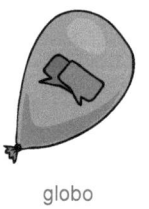

globo

balo

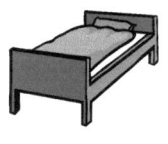

cama

gado

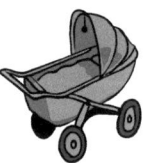

cochecito

keken jarirai

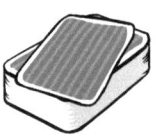

cartas

benen kwalaye

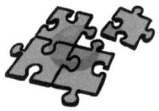

rompecabezas

wasa kwakwalwa

SUPER MEGA

historieta

ban dariya

piezas de lego

tubalan roba

ladrillos de juguete

tubalan gini

figura de acción

mutum-mai-aiki

enterito (de bebé)

rigar jariri

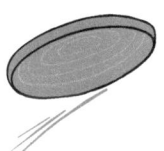

frisbee

Dokin iska

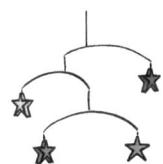

móvil para bebés

tafi-da-gidanka

juego de mesa

wasan dara

dados

dan ludo

tren eléctrico

zubin kwatancin jirgin kasa

chupete

mutum-mutumi

fiesta

walima

libro de cuentos ilustrado

littafi mai hotuna

pelota

kwallo

muñeca

yartsana

jugar

yi wasa

arenero

akwatin yashi

hamaca

lilo

juguetes

kayan wasan yara

consola de videojuegos

allon wasannin bidiyo

triciclo

babur mai taya uku

osito de peluche

yartsanar tsumma

armario

wadirob

ropa

tufafi

medias

safa

medias panty

sitokins

calzas

matse-jiki

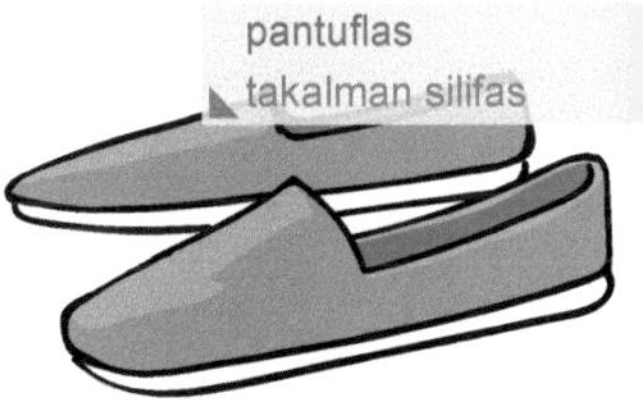

bufanda
adiko

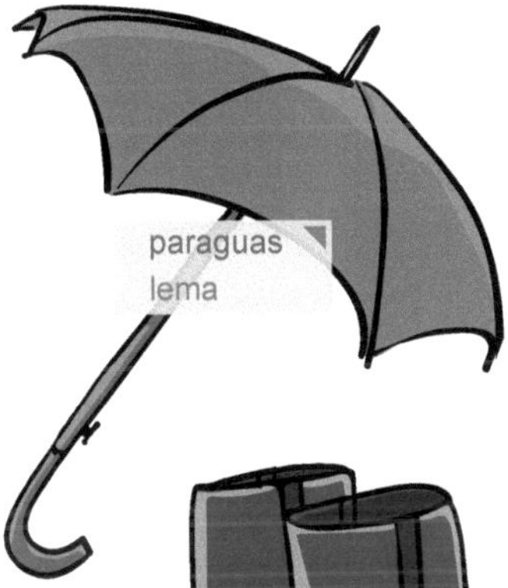

paraguas
lema

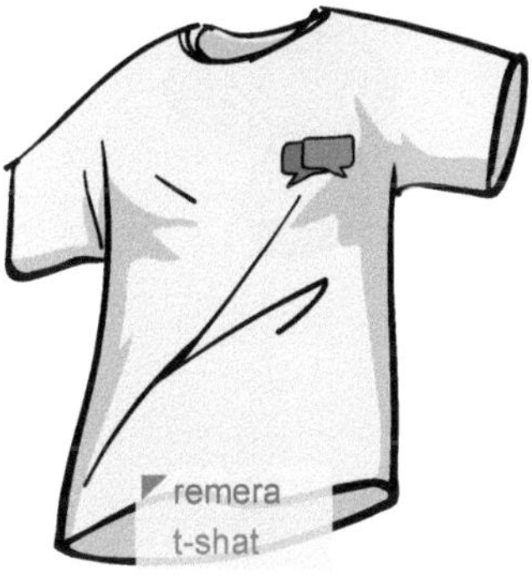

remera
t-shat

cinturón
belet

botas
takalman aiki

pantuflas
takalman silifas

zapatillas
takalman wasa

sandalias
takalman sandal

zapatos
takalma

botas de goma
takalman roba

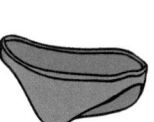
ropa interior
kamfai

corpiño
rigar nono

chaleco
falmaran

body
jiki

pantalones
wando

jeans
jeans

pollera
dantofi

blusa
rigar mata

camisa
karamar riga

pulóver
riga mai hula

buzo
hular riga

blazer
bileza

campera
jaket

tapado
kwat

piloto
rigar ruwa

traje
kayan yayi

vestido
kayan sawa

vestido de novia
rigar aure

traje

kwat da wando

camisón

rigar dare

pijama

kayan barci

sari

sari

pañuelo para cabeza

dankwali

turbante

rawani

burka

hijabi

caftán

kaftani

abaya

abaya

traje de baño

rigar iyo

short de baño

wandon wasa

shorts

gajeran wando

jogging

kayan wasanni

delantal

kyallen aiki

guantes

safar hannu

botón

maballi

anteojos

tabarau

pulsera

awarwaro

collar

tsakiya

anillo

zobe

aro

dan kunne

gorra

hula

percha

maratayin kwat

sombrero

malafa

corbata

lakataya

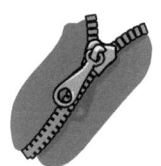

cierre

zi

casco

hular kwano

tiradores

masu daidaita hakori

uniforme escolar

kayan makaranta

uniforme

yunifom

babero
....
kyallen cin abincin jariri

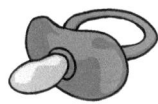

chupete
....
mutum-mutumi

pañal
....
kunzugu

oficina
ofis

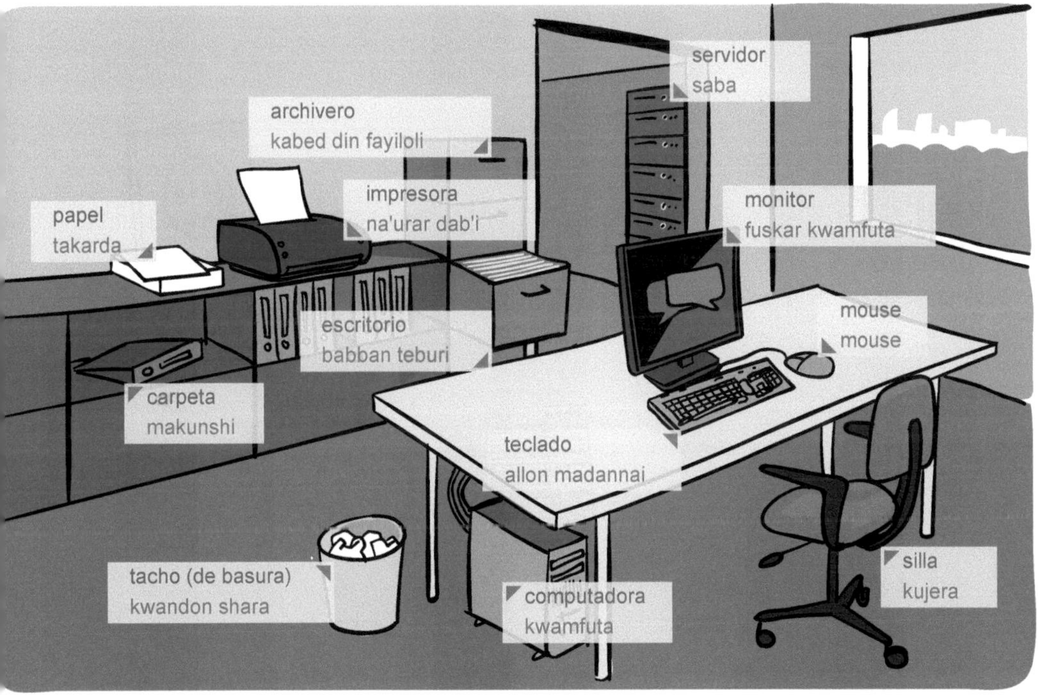

servidor
saba

archivero
kabed din fayiloli

impresora
na'urar dab'i

monitor
fuskar kwamfuta

papel
takarda

escritorio
babban teburi

mouse
mouse

carpeta
makunshi

teclado
allon madannai

tacho (de basura)
kwandon shara

silla
kujera

computadora
kwamfuta

taza de café
....
tambulan kofi

calculadora
....
kwakuleta

internet
....
intanet

laptop

laptop

carta

wasika

mensaje

sako

celular

tafi-da-gidanka

red

sadarwa

fotocopiadora

na'urar hoton takarda

software

kwakwalwar kwamfuta

teléfono

tarho

tomacorriente

jona soket

fax

na'urar faks

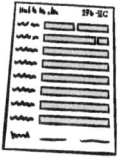

formulario

fom

documento

daftari

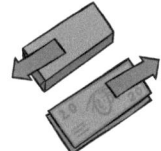

comprar

sayi

pagar

biya

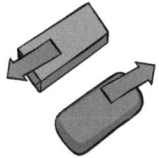

hacer negocios

yi ciniki

dinero

kudi

dólar

dala

euro

euro

yen

yen

rublo

robul

franco suizo

franc na Swiss

yuan

renminbi yuan

rupia

rupee

cajero automático

injin bada kudi

casa de cambio

gidan canjin kudi

oro

zinare

plata

azurfa

petróleo

mai

energía

makamashi

precio

farashi

contrato

matuntuba

impuesto

haraji

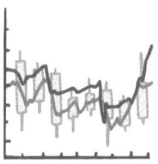

acción

kaya

trabajar

yi aiki

empleado

ma'aikaci

empleador

mai daukar ma'aikata

fábrica

masana'anta

negocio

kanti

ocupaciones
sana'o'i

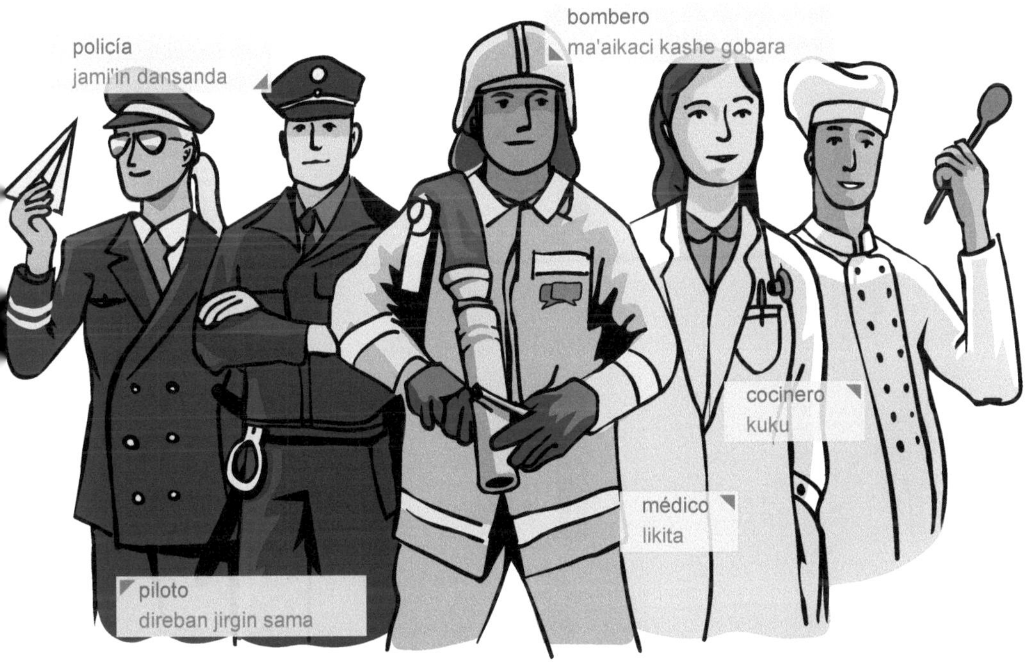

policía
jami'in dansanda
bombero
ma'aikaci kashe gobara
cocinero
kuku
médico
likita
piloto
direban jirgin sama

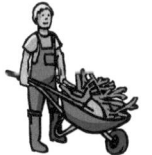

jardinero

mai aikin lambu

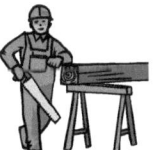

carpintero

kafinta

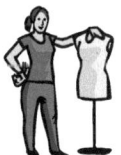

modista

mace mai dinki

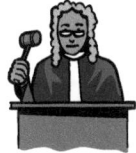

juez

alkali

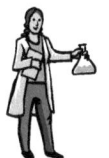

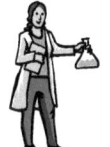

farmacéutico

mai hada magunguna

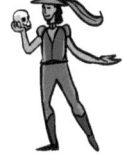

actor

jarumi

colectivero

direban bas

taxista

direban tasi

pescador

masunci

mucama

mace mai shara

techista

mai aikin rufi

mozo

sabis

cazador

mafarauci

pintor

mai fenti

panadero

mai yin burodi

electricista

mai gyaran lantarki

albañil

magini

ingeniero

injiniya

carnicero

mahauci

plomero

mai gyaran famfo

cartero

mai raba wasiku

soldado

soja

arquitecto

mai zayyanar gidaje

cajero

mai biyan kudi

florista

mai sayar da furanni

peluquero

mai gyaran gashi

cobrador

mai kida

mecánico

bakanike

capitán

kyaftin

dentista

likitan hakori

científico

masanin kimiyya

rabino

limamin yahudu

imán

liman

monje

mai ibadar kirista

sacerdote

malamin addini

herramientas
kayan aiki

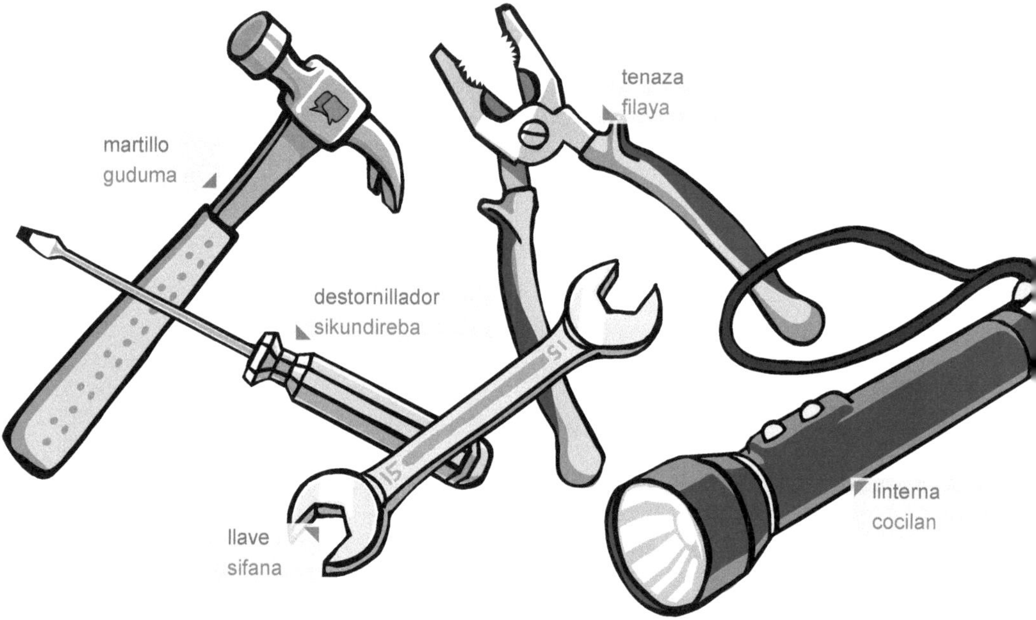
martillo
guduma
tenaza
filaya
destornillador
sikundireba
llave
sifana
linterna
cocilan

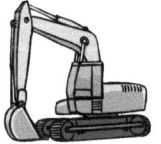

excavadora
diga

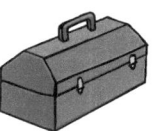

caja de herramientas
akwatin kayan aiki

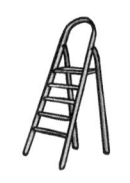

escalera portátil
tsani

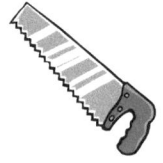

sierra
zarto

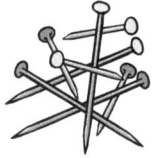

clavos
kusoshi

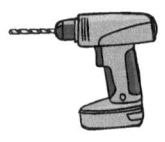

taladro
abin hudawa

arreglar

gyara

pala de jardín

chebur

¡Qué bronca!

Tafdi!

pala de plástico

makwashin shara

tacho de pintura

tukunyar fenti

tornillos

kusoshi masu barima

instrumentos musicales
kayan kida

batería
tarkacen ganga

parlante
lasifika

guitarra
jita

contrabajo
rubin sauti

trompeta
begila

piano

fiyano

violín

goge

bajo

karamin sauti

timbales

gangunan timpani

tambor

ganguna

teclado

masarrafin fiyano

saxofón

saxophone

flauta

sarewa

micrófono

makirfo

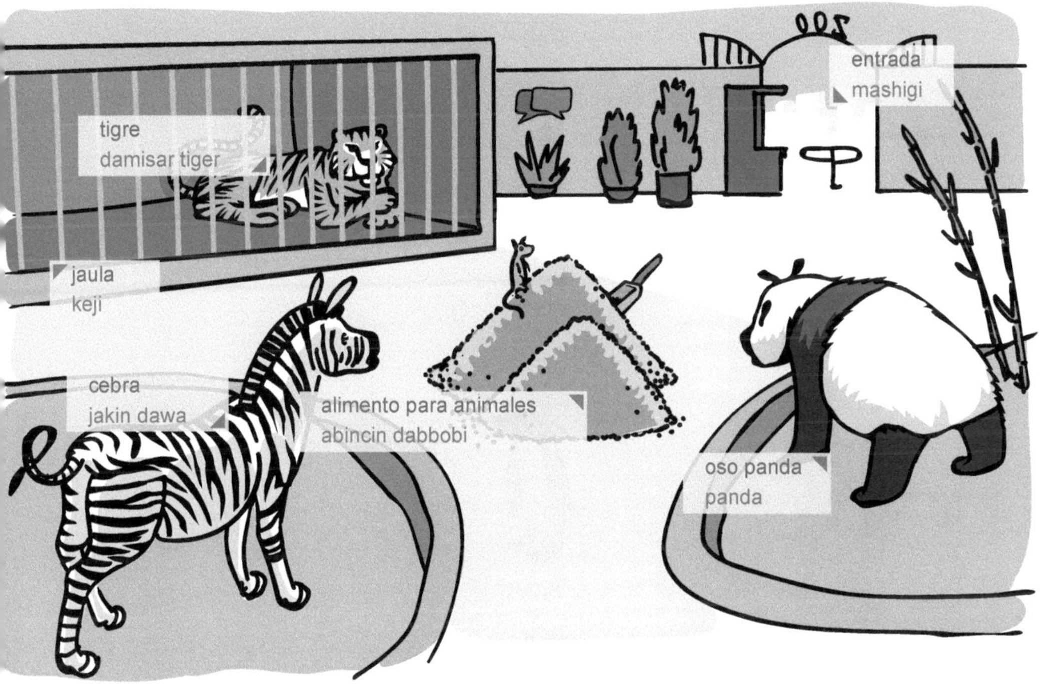

tigre
damisar tiger

entrada
mashigi

jaula
keji

cebra
jakin dawa

alimento para animales
abincin dabbobi

oso panda
panda

animales
dabbobi

elefante
giwa

canguro
babba-da-jaka

rinoceronte
karkanda

gorila
goggon biri

oso
dabbar bear

camello

rakumi

avestruz

jimina

león

zaki

mono

biri

flamenco

dinya

loro

aku

oso polar

bear ta yankin kankara

pingüino

penguin

tiburón

kifin shark

pavo real

dawisu

serpiente

maciji

cocodrilo

kada

cuidador del zoológico

mai tsaro zu

foca

seal

jaguar

damisar jaguar

poni

dukushi

leopardo

damisar leopard

hipopótamo

mugun dawa

jirafa

rakumin dawa

águila

mikiya

jabalí

aladen daji

pescado

kifi

tortuga

kunkuru

morsa

walrus

zorro

dila

gacela

barewa

fútbol americano
kwallon kafar Amurka

ciclismo
tseren keke

tenis
wasan tennis

básquet
kwallon kwando

natación
ninkaya

hockey sobre hielo
kwallon gora na cikin kan

boxeo
dambe

fútbol	bádminton	atletismo
kwallon kafa	badiminton	wasannin motsa jiki

handball	esquí	polo
kwallon hannu	wasan kan kankara	kwallon dawaki

actividades
harkoki

saltar
yi tsalle
abrazar
rungumi
reír
yi dariya
caminar
yi tattaki
cantar
rera waka
soñar
mafarki
rezar
yi addu'a
besar
sumbaci

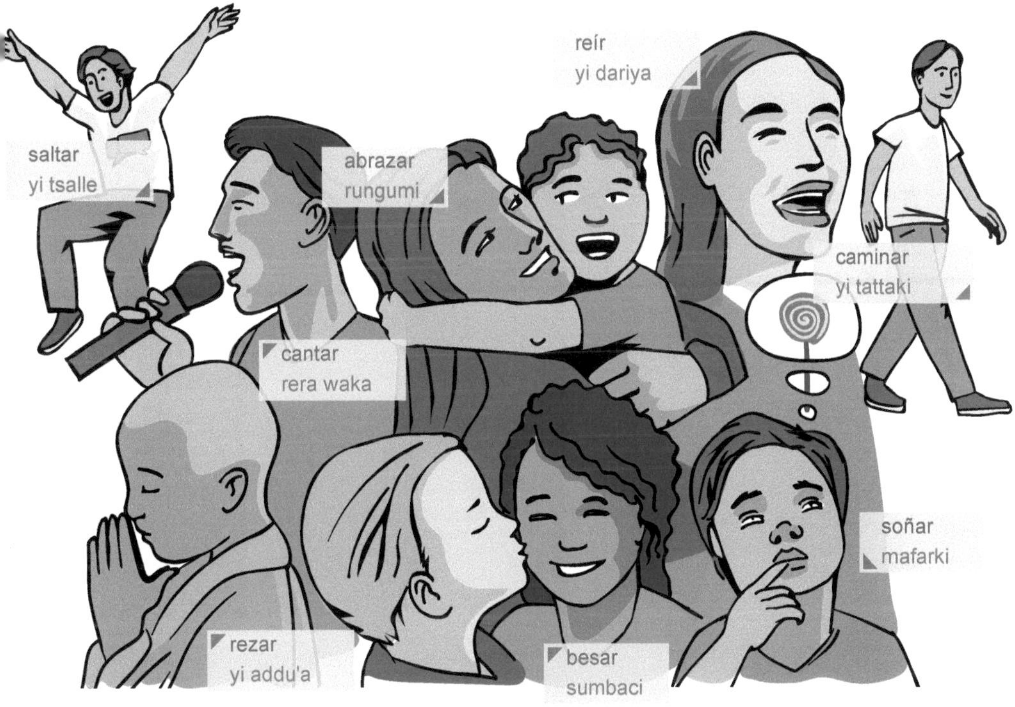

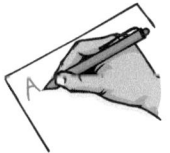

escribir
rubuta

dibujar
zana

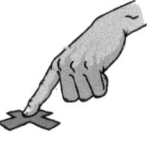

mostrar
nuna

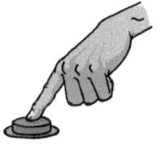

presionar
tura

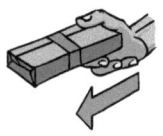

dar
bayar

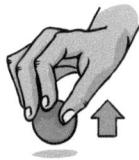

tomar
dauki

tener

sami

hacer

yi

ser

kasance

estar parado

tsaya

correr

gudu

tirar

jawo

tirar

jefa

caer

faduwa

estar acostado

yi karya

esperar

jira

llevar

dauki

estar sentado

zauna

vestirse

sanya tufafi

dormir

yi barci

despertar

farka

mirar

kalli

llorar

kuka

acariciar

bugi

peinar

taje

hablar

yi magana

entender

fahimci

preguntar

tambayi

escuchar

saurari

beber

sha

comer

ci

ordenar

tattare

amar

yi soyayya

cocinar

dafa

manejar

yi tuki

volar

tashi

navegar

tafi a kwalekwale

calcular

kwakuleta

leer

karanta

aprender

koyi

trabajar

yi aiki

casarse

yi aure

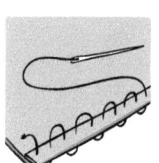

coser

dinka

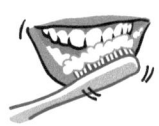

cepillarse los dientes

goge hakora

matar

kashe

fumar

busa taba

enviar

aika

abuela
kaka mace

abuelo
kaka namiji

padre
uba

madre
uwa

bebé
jariri

hija
ya

hijo
da

invitado

bako

tía

gwaggo

tío

kawu

hermano

dan'uwa

hermana

yar'uwa

cuerpo

jiki

frente
goshi
ojo
ido
hombro
kafada
dedo
yatsa
cara
fuska
pera
ha'ba
mano
hannu
pierna
kafa
pecho
nono
brazo
damtse

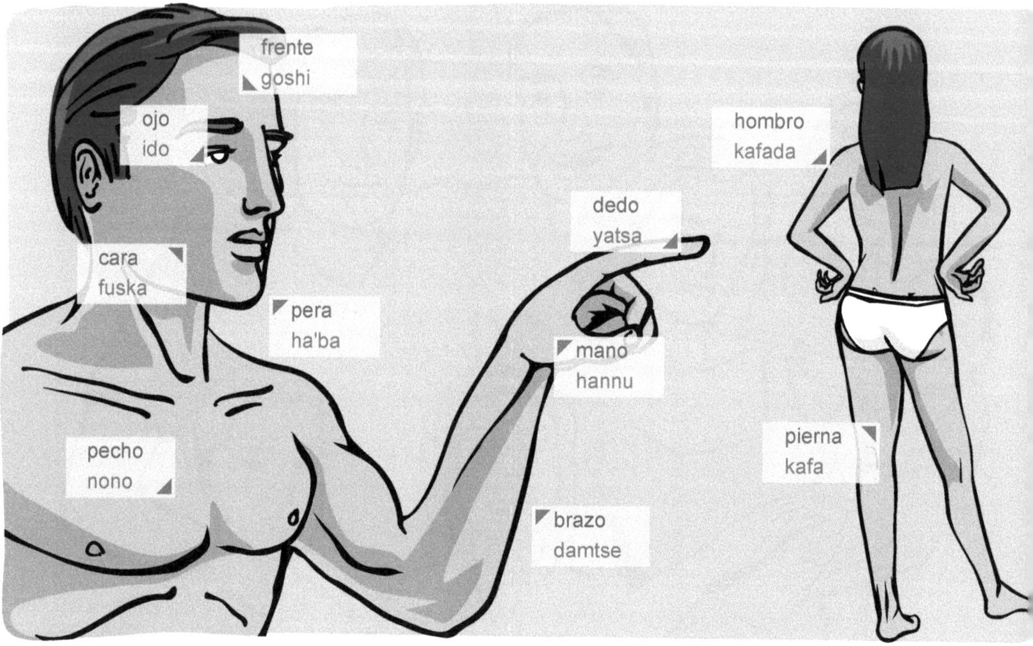

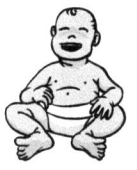

bebé

jariri

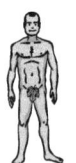

hombre

mutum

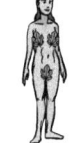

mujer

mace

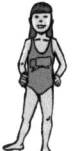

nena

yarinya

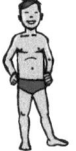

nene

yaro

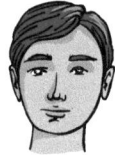

cabeza

kai

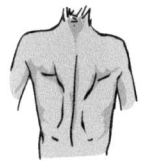

espalda

baya

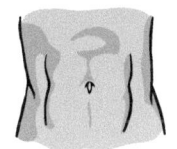

panza

tulun ciki

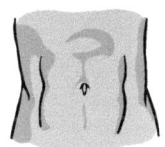

ombligo

maballin ciki

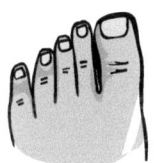

dedo del pie

yatsan kafa

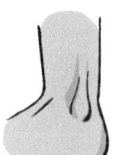

talón

dudduge

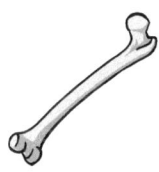

hueso

kashi

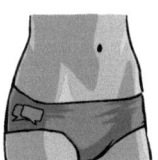

cadera

kugu

rodilla

guiwa

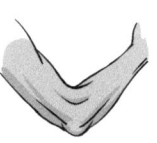

codo

guiwar hannu

nariz

hanci

cola

kasa

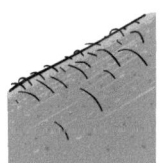

piel

fata

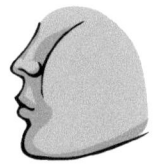

cachete

kumatu

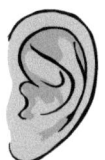

oreja

kunne

labio

lebe

boca

wata

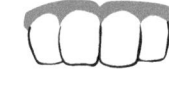

diente

hakori

lengua

harshe

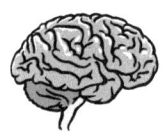

cerebro

kwakwalwa

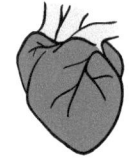

corazón

zuciya

músculo

kwanji

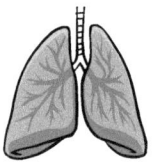

pulmón

huhu

hígado

hanta

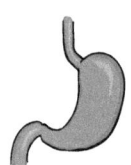

estómago

ciki

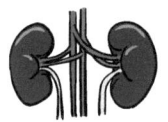

riñones

koda

sexo

jima'i

preservativo

kwaroron roba

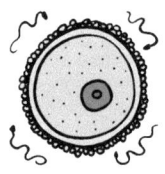

óvulo

kwan mahaifa

semen

maniyyi

embarazo

juna-biyu

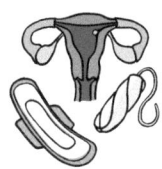

menstruación
....
haila

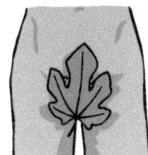

vagina
....
farji

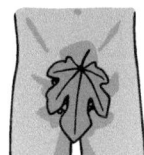

pene
....
zakari

ceja
....
gira

pelo
....
gashi

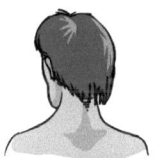

cuello
....
wuya

hospital
asibiti

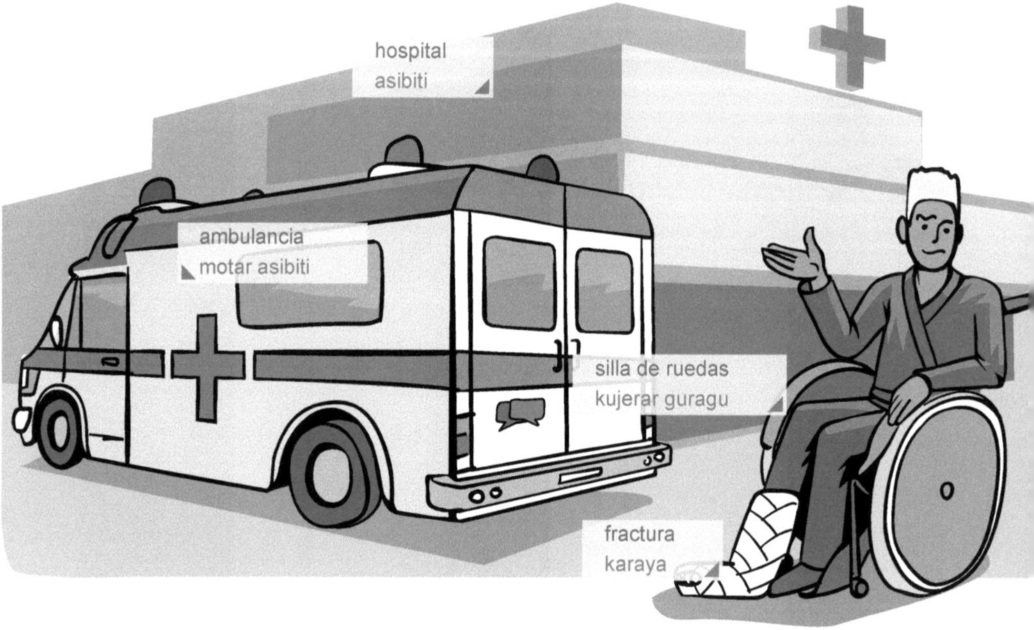

hospital
asibiti
ambulancia
motar asibiti
silla de ruedas
kujerar guragu
fractura
karaya

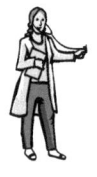

médico

likita

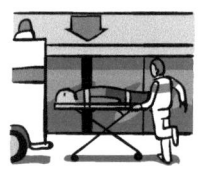

sala de guardia

dakin kulawar gaggawa

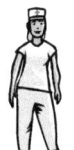

enfermera

ma'aikaciyar jinya

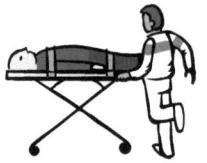

emergencia

na gaggawa

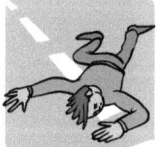

inconsciente

magashiyyan

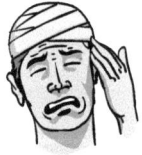

dolor

radadi

lesión
rauni

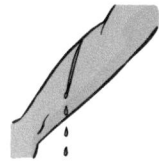

hemorragia
zubar jini

infarto
bugun zuciya

ACV
bugun jini

alergia
kyan-jiki

tos
tari

fiebre
zazzabi

gripe
mura

diarrea
gudawa

dolor de cabeza
ciwon kai

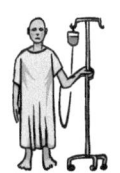

cáncer
cutar sankara

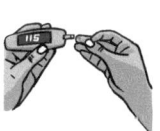

diabetes
ciwon suga

cirujano
likitan tiyata

bisturí
wukar likita

operación
tiyata

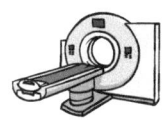

TC
CT

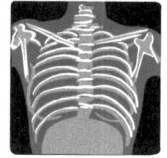

rayos x
hoton kirji

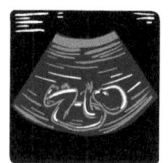

ecografía
hoton ciki

barbijo
marufin fuska

enfermedad
cuta

sala de espera
dakin jira

muleta
madogari

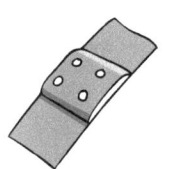

curita
filasta

venda
bandeji

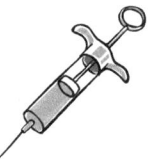

inyección
allura

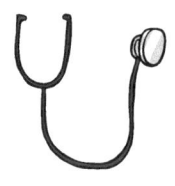

estetoscopio
na'urar awon zuciya

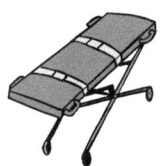

camilla
gadon daukar marar lafiya

termómetro
na'urar auna zafin jiki

nacimiento
haihuwa

sobrepeso
yawan nauyi

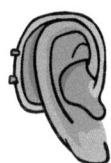

audífono

abin kara ji

desinfectante

sinadarin kashe kwayoyin cuta

infección

kamuwar cuta

virus

kwayar cuta

VIH / SIDA

Cutar Kanjamau

remedio

magani

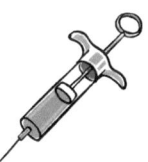

vacunación

riga-kafi

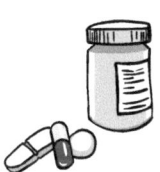

comprimidos

kwayoyin magani

pastilla anticonceptiva

magani

llamada de emergencia

kiran gaggawa

tensiómetro

ma'aunin hawan jini

enfermo / sano

cuta / lafiya

¡Ayuda!

Taimako!

alarma

kararrawa

agresión

farmaki

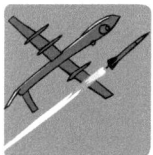

ataque

hari

peligro

hatsari

salida de emergencia

kofar ko-takwana

¡Fuego!

Wuta!

matafuego

abin kashe wuta

accidente

hadari

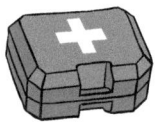

botiquín de primeros
auxilios

kayan taimakon gaggawa

SOS

Neman taimako

policía

dansanda

Europa

Turai

América del Norte

Amurka ta Arewa

América del Sur

Amurka ta Kudu

África

Afirka

Asia

Asiya

Australia

Australia

Atlántico

Atlantika

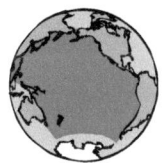

Pacífico

Pacific

Océano Índico

Tekun Indiya

Océano Antártico

Tekun Antatika

Océano Ártico

Tekun Arctic

polo norte

Barin duniya na Arewa

polo sur

Barin duniya na Kudu

Antártida

Antatika

Tierra

Kasa

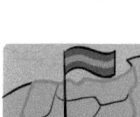

tierra

tsandauri

mar

kogi

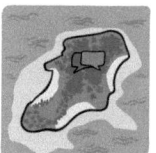

isla

tsibiri

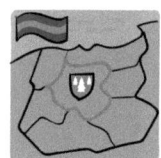

nación

kasa

estado

jiha

esfera

fuskar agogo

manecilla de las horas

hannun awa

minutero

hannun mintuna

segundero

hannun dakika

¿Qué hora es?

Karfe nawa yanzu?

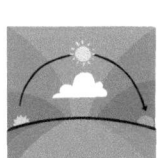

día

rana

hora

lokaci

ahora

yanzu

reloj digital

agogon dijita

minuto

minti

hora

awa

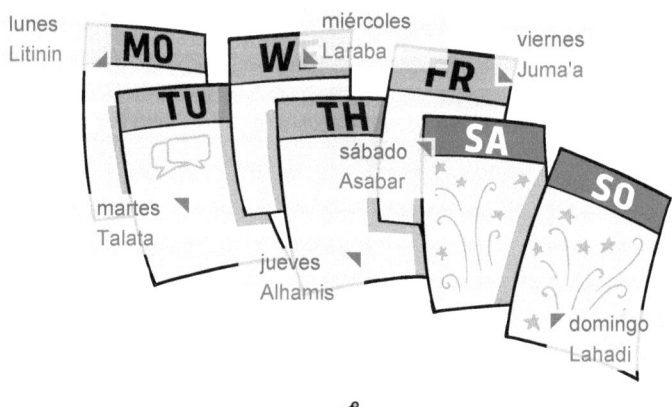

lunes
Litinin

miércoles
Laraba

viernes
Juma'a

martes
Talata

sábado
Asabar

jueves
Alhamis

domingo
Lahadi

ayer

jiya

hoy

yau

mañana

gobe

mañana

safiya

mediodía

tsakar rana

tarde

yamma

días hábiles

ranakun kasuwanci

fin de semana

karshen mako

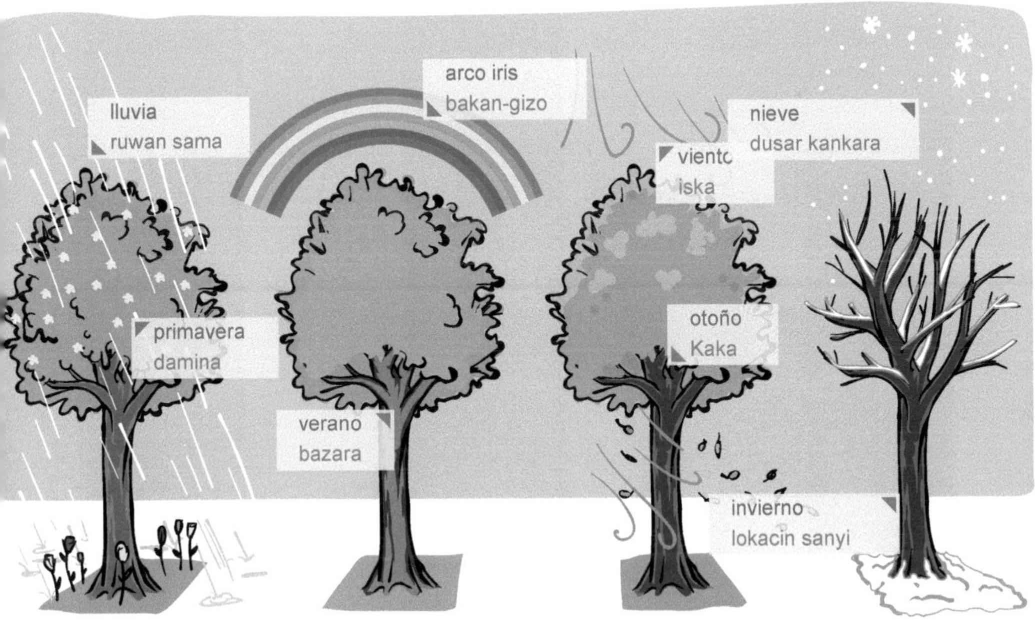

lluvia
ruwan sama
arco iris
bakan-gizo
nieve
dusar kankara
viento
iska
primavera
damina
verano
bazara
otoño
Kaka
invierno
lokacin sanyi

4.APRIL 11°
5.APRIL 4°
6.APRIL 13°
7.APRIL 8°
8.APRIL 10°

pronóstico meteorológico
hasashen yanayi

F C
120 90 60 30 0 -30
40 30 20 10 0 -10 -20

termómetro
na'urar gwajin zafi da sanyi

luz del sol
hasken rana

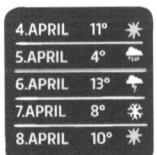

nube
gajimare

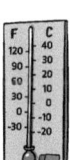

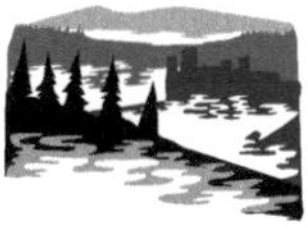

niebla
hazo

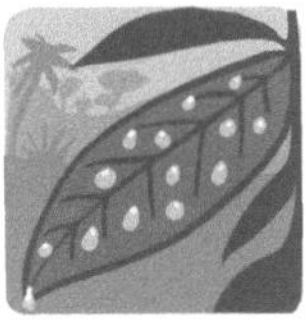

humedad
dumi

rayo

walkiya

trueno

aradu

tormenta

guguwa

granizo

kankarar ruwan sama

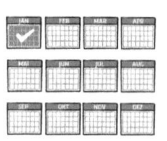

monzón

iskar bazara

inundación

ambaliyar ruwa

hielo

kankara

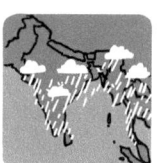

enero

Janairu

febrero

Fabarairu

marzo

Maris

abril

Afirilu

mayo

Mayu

junio

Yuni

julio

Yuli

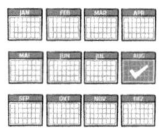

agosto

Agusta

año - shekara

septiembre
....
Satumba

octubre
....
Oktoba

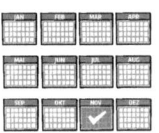

noviembre
....
Nuwamba

diciembre
....
Disamba

formas

siffofi

círculo
....
da'ira

cuadrado
....
murabba'i

rectángulo
....
kusurwa hudu

triángulo
....
kusurwa uku

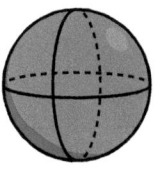

esfera
....
mulmulalle

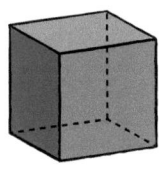

cubo
....
dunkule

colores

launuka

blanco

fari

amarillo

rawaya

naranja

ruwan lemo

rosa

ruwan shanshanbali

rojo

ja

violeta

garura

azul

shudi

verde

kore

marrón

ruwan kasa

gris

ruwan toka

negro

baki

mucho / poco

da yawa / kadan

enojado / tranquilo

fushi / nutsuwa

lindo / feo

kyakkyawa / mummuna

principio / fin

farko / karshe

grande / chico

babba / karami

claro / oscuro

mai haske / mai duhu

hermano / hermana

dan uwa / 'yar uwa

limpio / sucio

mai tsafta / kazami

completo / incompleto

cikakke / maras cika

día / noche

rana / dare

muerto / vivo

matacce / mai rai

ancho / angosto

mai fadi / matsattse

comestible / no comestible

na ci / ba na ci ba

malo / amable

mugu / mai tausayi

entusiasmado / aburrido

mai karsashi / gajiyayye

gordo / flaco

kakkaura / siriri

primero / último

na farko / na karshe

amigo / enemigo

aboki / makiyi

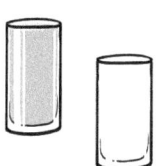

lleno / vacío

cikakke / holoko

duro / blando

mai tauri / mai laushi

pesado / liviano

mai nauyi / marar nauyi

hambre / sed

yunwa / kishin ruwa

enfermo / sano

cuta / lafiya

ilegal / legal

haramtacce / halastacce

inteligente / estúpido

mai basira / dakiki

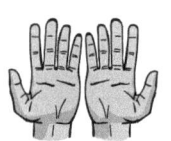

izquierda / derecha

hagu / dama

cerca / lejos

kusa / nesa

nuevo / usado

sabo / na-hannu

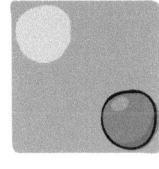

nada / algo

ba komai / wani abu

viejo / joven

tsoho / yaro

encendido / apagado

kunna / kashe

abierto / cerrado

a bude / a rufe

silencioso / ruidoso

shiru / kara

rico / pobre

mai arziki / talaka

correcto / incorrecto

daidai / bata

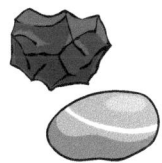

áspero / suave

mai kaushi / mai santsi

triste / contento

bakin ciki / farin ciki

corto / largo

gajere / dogo

lento / rápido

a sannu / da sauri

mojado / seco

jikakke / busasshe

caliente / frío

dumi / sanyi

guerra / paz

yaki / zaman lafiya

0

cero

sifili

1

uno

daya

2

dos

biyu

3

tres

uku

4

cuatro

hudu

5

cinco

biyar

6

seis

shida

7

siete

bakwai

8

ocho

takwas

9

nueve

tara

10

diez

goma

11

once

goma sha daya

12

doce

goma sha biyu

13

trece

goma sha uku

14

catorce

goma sha hudu

15

quince

goma sha biyar

16

dieciséis

goma sha shida

17

diecisiete

goma sha bakwai

18

dieciocho

goma sha takwas

19

diecinueve

goma sha tara

20

veinte

ashirin

100

cien

dari

1.000

mil

dubu

1.000.000

millón

miliyan

inglés

Turanci

inglés americano

Turancin Amurka

chino mandarín

Mandarin na China

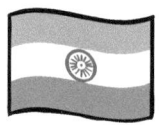

hindi

Hindi

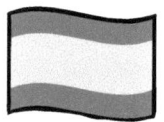

español

Sifaniyanci

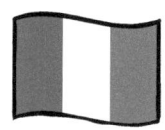

francés

Faransanci

árabe

Larabci

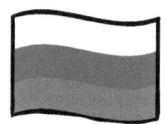

ruso

Yaren Rasha

portugués

Yaren Portugal

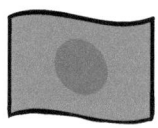

bengalí

Bengali

alemán

Yaren Jamus

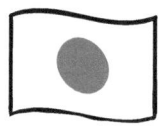

japonés

Yaren Japan

yo

ni

vos

kai

él / ella

shi / ita / ita

nosotros

mu

ustedes

ku

ellos

su

¿quién?

wa?

¿qué?

me?

¿cómo?

ya ya?

¿dónde?

a ina?

¿cuándo?

yaushe?

nombre

suna

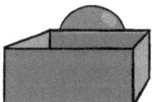

detrás

a baya

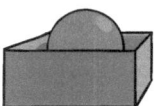

en

a ciki

adelante de

a gaban

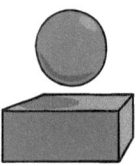

por encima de

saman

sobre

akai

debajo de

karkashi

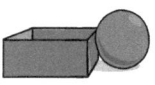

al lado de

a gefe

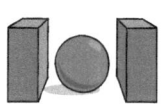

entre

a tsakani

lugar

wuri